Cálcio

Pádua Fernandes

hedra

São Paulo, 2015

Dados Internacionais de Catalogação na Publicação (CIP)

Fernandes, Pádua. *Cálcio*
– São Paulo : Hedra : 2015

ISBN 978-85-7715-408-1

1. Literatura brasileira I. Poesia III. Título
07-1942 CDD B 869-1

Índice para catálogo sistemático:

1. Poesia : Literatura brasileira B 869-1

Capa: Ronaldo Alves
Imagem de capa: Claudio Mubarac

EDITORA HEDRA LTDA.
R. Fradique Coutinho, 1139 (subsolo)
05416-011 São Paulo SP Brasil
Telefone/Fax (011) 3097-8304
editora@hedra.com.br
www.hedra.com.br

Foi feito o depósito legal.

Dedico este livro a Fabio, companheiro de vida,
e a Julián, irmão em poesia.

Sumário

[...] e agora desses jovens já não resta nada, os que não morreram na Bolívia morreram na Argentina ou no Peru, e os que sobreviveram foram morrer no Chile ou no México, e os que não foram mortos ali o foram depois na Nicarágua, na Colômbia, em El Salvador. Toda a América Latina está semeada com os ossos desses jovens esquecidos.

Roberto Bolaño — *Entre paréntesis*

Oh, se velhas gotas de sangue pudessem falar, como acontece nas fábulas, às vezes elas nos ensinariam o que fazer; pois em cada aposento desta casa trágica fluiu um sangue instrutivo.

Heinrich Heine — *Französische Zustände*

Pisando folhas secas

I

uma caixa comó perna, papelão, três embalagens de biscoito como dois braços, à maneira de cabelos as tampinhas de garrafa, folhas secas ou ossos —

a cabeça como caco de vidro, papelão, pernas como embalagens de absorvente, no papel de cal para muros os restos de unha, cotovelos ou ventania —

— não se formou a figura.

intercambiar os elementos;

— a figura nunca mais se formará.

II

vivo ou não, não andará;
isso basta para as ruas;

andando ou não, jamais
estará vivo;

isso basta para a segurança.

III

copiar na pele os buracos do chão;

ouvem-se os tiros, esconde-se em um dos buracos no chão;

os tiros estão mais próximos;

esconde-se em um dos buracos da pele.

IV

é santo o frio; cobre o chão
e traz o milagre do gelo ao centro do peito.

andar sob o gelo ou andar dentro do peito:
nenhum milagre

V

o corpo também é uma cidade,
mesmo que ele a abandone
e a trate como suor, evaporada
lembrança do sal,
a cidade jamais deixará de ser do corpo
assim como na areia a memória do deserto

VI

mas a cidade também é um corpo
basta cegá-la para ver
que ela tinha olhos

basta amputá-la para saber
que ela tinha membros
pisoteá-la
e descobrir a cotação dos ossos
torturá-la para ouvi-la
pena que não diga palavra alguma
articulada para os ouvidos
que esperam o ponto de os ossos cederem
e cantarem com sua voz seca
que tudo é um corpo e morre

VII

caixa de refrigerantes, carcaça de computador, baterias usadas, os rastros invisíveis do pó sob a próxima camada de poeira —

sabedoria do papelão com inscrições, embalagens enciclopédicas de remédios com a morte descartados, papel de bala mordido pela fome —

o esqueleto da poeira carregado pela chuva, ele deixou sua marca fóssil na correnteza do bueiro —

os buracos criam uma cidade sob o chão, as casas nela erguidas só de muros derruídos —

— eis, à vista, todos os elementos humanos aqui aceitos.

Memória e fratura

Não sei o que significa enterrar os mortos;
se morreram,
não podem escapar, estão aqui.
Nada está ao abrigo da vida
seja sobre a terra,
seja no ventre da pedra.

Quando como, é para alimentá-los,
se falo, é para ouvi-los
e nada ouço
exceto a fome
que os sustenta.

Ouço-a
e parece-me que hoje os mortos
são quase inteiramente
fome.
Por isso estão aqui.

(Neste continente ser humano e simultaneamente estar vivo
parece-lhe hoje impossível? Mais valeria
visitar os mortos fora do limbo entre fim e remorso.)

Não pedem outro alimento
senão a própria fome. Entrego-lhes
menos do que isso,
o pó
retirado à terra sonegada

aos que viveram e a quem hoje,
à falta de melhor título,
chamamos de mortos.

(Veja a terra aberta:
não outro é o sorriso deste continente.)

Auto de resistência

I

o sangue ensina:
os professores
sob cassetete;

o sangue esquece:
nos professores
quem já se infiltra

é a polícia
e os corredores
trocam de pele

como quem veste
todas as cores
carnificinas;

o sangue ensina
aos professores
que não se aprende

senão na pele;
"já não são dores,
mas honrarias

isto que ensina
aos professores
o cassetete:

os corpos febres
transformadores
do que extermina

na própria vida"
e os corredores
caem inertes

sobre os pedestres,
nos vestem hoje
do ontem em dia.

II.1

— Abedeéfe
jotaxiséle
emeteú
zedabliú.
— Tá tudo em ordem!
Só falta o nome
do seu trabalho.
— Este mestrado
deu muita fome.
As letras somem
do norte ao sul,

do cê ao u
quase me perdem.
— Você é mestre
e já consegue
ler o cardápio.
Não encha o saco.

III

Por lecionar,
aprendo a fome.

A fome ensina,
isso aprendemos.

— É professor,
pesquisador,
parecerista.
— Porém trabalha?

Nada a aprender
senão a fome.

Assim o mundo
nos alimenta.

— Para viver,
virou palhaço
profissional.
— E já não era?

Chamar o mundo
de nossa fome;

eis o alimento
que cultivamos.

IV

— Primeiro a bomba,
depois o tiro.
— Primeiro o tiro,
depois a honra.
— Jamais a honra
sem o inimigo.

— Iremos todos
já recebê-lo.
— Sim, recebê-lo
com todo o fogo.
— Tomar-lhe o fogo,
nosso desejo.

— Não basta a bomba,
se resta o nome.
— Queimar o nome,
se ainda soa.
— As cinzas soam
o corpo do homem.

— Não basta o tiro,
se resta a língua.
— Queimar a língua
é terrorismo?
— Não. Terrorismo
é a poesia,

que diz não basta
à própria língua.
— Queimar a língua,
todas palavras,
pois sem palavras
nos basta a cinza.

— Odiar política,
amar polícia.
— Amar o tiro,
sem terrorismo.
— Pra eles, bomba.
Eles são contra.

II.2

— A, depois bê,
mas ninguém vê
como prossegue.
— Você é mestre,
o doutorado
dá mais trabalho.
— Mas o alfabeto,
se for completo,
é muito chato
e autoritário.
Ninguém o segue,
nem o cedeéfe.
— Mas é você
quem vai deter
a via do tê

ao u, o acesso
ao vê? — Correto!

V

(um fogo sangra:
as faculdades
sob a gestão
da Segurança;

um fogo cala:
nas faculdades
nada a aprender
salvo a gestão,

que torna o fogo,
antes da chama,
direto em cinza;

segura, a vida
administrada
aprende o frio)

— administrar
o fogo, isto é,
gerir a cinza.

— tornar a cinza
a educação
do próprio corpo.

— tornar-se cinza
ou respirar

o próprio sopro.
— uma didática

pela asfixia!
— nas faculdades
nada a acender
senão o frio.

(da rua à lei,
em cada passo
um sangue esfria

numa cidade
que antes unira
e ora separa
corpo e desejo,

o fogo e a fala,
já corrigidos
de terem sido
uma cidade;

na lei, na rua,
a cada passo
o frio caminha)

— corrupto? mas
segue o sistema;
o que não pode
é juiz de esquerda.

— corregedor
no tribunal
e professor

quarenta horas,

deu liminar
às faculdades.
— os professores

vão aprender
sob fogo a lei?
— pois a lei sangra.

VI

Este povo primitivo escrevia com pegadas. Para ler, seus membros tinham de olhar para o chão, incapazes de transcendência, impotentes para perceber quando as nuvens apagariam o discurso. Ademais, eram obrigados a caminhar para escrever e a escrever ao caminhar, errância celebrada do sentido, esses vagabundos não poderiam ir longe. Nas celas não há espaço para se movimentarem, não mais confundirão a palavra com o solo, é o fim da terra como alfabeto, não poderão comunicar uns aos outros a sentença escrita na tampa do alçapão.
Os antigos enólogos (pesquisavam etnias, o curso deles foi fechado depois que todas as bolsas foram direcionadas à pesquisa de água transgênica e de extração aérea de cinzas para combustível) recolheram uma história dos primitivos de que a fome originou-se de um erro de grafia, de uma trilha errada na floresta. Em vez de caminharem para o sol-peixe, foram para o sol-poente, e não acharam o caminho de volta por causa de um problema de pontuação, não lembro bem, acho que essa lenda surgiu porque, antes do contato com os civilizados, a língua deles não conhecia o ponto final.

II.3

— A, depois a,
sem blablablá!
Sou Secretário
e o meu trabalho
na educação
não é em vão:
o fim das letras
vem sem tristeza.
Sabem ler? Não,
nem notarão
que o abecedário
foi apagado.
— Como avaliar
o ano escolar
se só resta o A?
— A sobremesa!
Ah! Ah! Ah! — Eta!

VII

Sob cassetetes.

Se amputarmos a perna,
sobreviverá.

Deixemo-lo inteiro;

batizaremos a gangrena
com o nome do corpo.

Alvará de demolição

no campo
o código da paz
legislado por armas

(cativo breu
propaga a sombra
dos palácios da república
às enxadas dos escravos:

— *Visionária sustentabilidade da cinza*
dos cocares ensanguentados
às feiras de artesanato tradicional)

os nervos roídos pela luta
nada sentia enquanto atirava
até que o cheiro de carne queimada
obrigou-o a olhar para a própria mão

baixou as sobrancelhas sem pelo
e o rosto habitado por orifícios novos
cavernas
onde o vírus refazia a origem do homem

viu os tocos dos dedos
ainda firmes
a empunhar o fogo rupestre

(cativo breu
caiu sobre o dia e não é noite
fez cair a noite sem ser eclipse
mas poente contínuo,
o céu desta república

— *Sustentabilidade sólida da seca*
dos velhos mananciais às novas represas,
deságua na minha taça)

a fumaça desenha nas paredes
o animal
a caça
ele mesmo

no campo
o código da floresta
semeado por corpos

nascem brotos
transgênicos
propagam outra coisa que já não é a lei
e sim uma ordem mais imperiosa
que a areia impõe aos quilômetros quadrados do sol

(cativo breu
dos fogos de artifício
comemorativos da república
acesa na terra ancestral

onde os mortos viviam
e estão sendo mortos novamente

cativo breu,
como o extermínio pode ser sustentável?
perguntam-lhe, e apaga as luzes
quando se leria a resposta nenhuma

— *Alguns resistem com flecha ou fogo,*
mas a sustentabilidade está do nosso lado:
nossas armas têm pontaria automática)

ele viu o fogo inteiro nos tocos de mão
e continuou a atirar
como as árvores, ainda de pé
embora o perfurassem, como às águas
e preparassem
o cerrado em fogo no fogo cerrado

desfazendo a origem do mundo

Os nomes feridos

I

À pele, perguntar
o nome da vida; mas só ver
a cicatriz.

Perguntar à cicatriz
o nome da pele;

não ouvir nada.

Os nomes foram feridos.

II

Nomes proliferam sobre o corpo,
sangram por estarem entre o sol e os ossos.

Luz invertebrada,
gritam, comparamo-la ao inseto no voo e no enxame,
o que deseja ao desvelar as letras
sobre o corpo
que somente a choque e a chicote

aprendeu a escrever-nos?
O corpo que somente aprendeu a mensagem das letras
quando se tornou lápide de si mesmo?

III

A mudez tem uma pele
toda de cicatrizes; elas
falam

mas discordam entre si, algumas
arautos do chicote, outras
porta-vozes do coágulo que fechou o caminho
entre a garganta e a luz.

IV

Que a cicatriz tome o lugar
do corpo e reconstrua a voz
em grito e desocupe a boca
do verme vermelho da língua;
para sempre liberte os lábios
da feroz sina de se abrirem,
sitie a garganta com muros,
fossos, túneis, minas, com tudo
que vá separá-la do sopro,
e que os pulmões enfim cansados
de furtarem parte da estrada
dos pássaros se trancafiem
no vasto coração do vácuo;
o vácuo será coração

e nas veias ainda abertas
circulará o sopro livre
de pulmões terem existido,
jorrará o fluxo contínuo
da garganta arrancada ao grito,
e, quando as línguas o provarem,
a sede será todo o corpo,
a cicatriz, todo lugar.

V

Eu o vi no trem.

Estávamos em pé. Não percebi, inicialmente, o quanto sua camiseta estava furada, pois as tatuagens misturavam-se com aquelas estampas que bem poderiam ser sujeira antiga.

A camiseta estava muito justa, provavelmente não havia sido comprada para aquele corpo, ou o foi quando aquele corpo era outro. Começavam a confundir-se; provavelmente já era necessário lavá-los simultaneamente, senão ela rasgaria. Restariam as tatuagens, que são coisa de desnudar a gente.

Quando pensei nos rasgões, olhei melhor e julguei que algumas das estampas eram também pele, mas não tatuagem — cicatrizes pareciam. Eram regulares demais para serem industriais. Aquele padrão parecia ser o do massacre.

O trem estava mais cheio. Seria assim até a estação final. Ele não tinha camiseta alguma. Ele estava todo coberto da História. Não podia mais lavar-se.

Vestido com aquilo, como poderia falar-lhe? As cicatrizes têm outro discurso. Elas não usam faca. E era uma faca o que eu levava.

Comecei a abrir o trem. Rasgá-lo por dentro. Os outros vão entender, estou apontando para o velho, que já correu. Sem vestes, todos seremos a travessia.

VI

duas gangrenas ou dois sexos:
e ambos amam tanto a cicatriz
que lhe arrancam ao mesmo tempo a pele e a nudez

Seco e transborda

Quanto do sangue resta inédito? Ou
é necessário investigá-lo enquanto é pisoteado
por dormir ao relento sob os ares em vigilância?
Investigar
se o fluxo aberto pelas botas
irriga os caminhos da ordem?

— Abra o livro; ele encharca os dedos.
— Abra os dedos; o vazio da palma ressecará o livro.

Ineditismo do sangue? Porém
devemos investigar
se o estardalhaço dos fuzilamentos da madrugada
deriva ritmicamente do chicote da manhã
e se a noite
ao escavar estrelas no crânio
prepara os metais do dia seguinte.

— Preciso do massacre para viver.
— Ele não precisa de você para ser a vida.
Qual dos dois é superior?

E nos meios virtuais, algum sangue

ainda inédito? Sem
mãos encharcadas, pode-se observar
a transição ao vapor
para que o sangue seja publicado num mundo melhor
onde algoz e vítima não precisem se encontrar para que irrompa
[o massacre.

— Abro o livro. Ele dói, eu grito.
— Não são gritos, mas reações dos mecanismos à resistência da carne.

Arquivos fechados guardam sangue
inédito. O sangue aprisionado,
mas o derramamento prossegue
enquanto a identidade seca do vermelho
permanece arquivada entre a mordaça da toga
e o chorume da farda.

Investigar antes que os livros denunciem
a paz da pele sobre os órgãos dilacerados?

— Tenho que fechá-lo, ou suas palavras serão minhas.
— Quando a palavra é para nenhum, o cadeado é para todos.

Abrimos um continente e um silêncio,
os prédios sob o solo
erguidos pelo exílio.

— Descobrimos que as palavras eram corpos.
— Por isso queimaram os arquivos?
— Mas a ordem de queimá-los também foi queimada.
— Até o último dente?

Se temos o livro, temos o escombro.

Ao atravessar a mordida

I

querer a mandíbula como se quer o amor

preferir aos dentes as cavidades
onde raízes não brotarão

e sim uma nova terra
toda cercada de presas

II

querer o oposto do que se morde, isto é,
a vida
enquanto a saliva como chuva
afoga a presa e seus arredores, antes chamados de
mundo

III

os dentes flutuam no céu
para nós, é o que resta do sorriso

os dentes substituem o céu
este sorriso substitui-nos

IV

isto que range durante a noite
e tritura por todo dia,
mostra-se por estar feliz ou feroz
e é mais feliz quando feroz,
isto possui raízes e flutua no vento:
seu fruto, o vácuo no coração do ar,
e o vácuo cresce inexpugnável

V

em outros dias seria possível deitar-se à sombra dos dentes
e confundi-la generosa com a noite;

mas não voltou a amanhecer
depois que a sombra
foi confundida à noite.

VI

em outros países
para atravessar a mordida
deve-se pagar o pedágio da própria boca e seu recheio de palavras
[e dentes;
em outros, exige-se da carne e seu invólucro de pele e palavras;

aqui
cobra-se geralmente apenas em palavras;

os que pagam não podem prosseguir:
sem elas, não há travessia.

VII

de um ponto a outro ponto, nenhum caminho;
do caminho nenhum ao ponto, nem mesmo o nenhum,

que ainda seria um oásis
no espaço sem travessia.

(uma sombra compõe-se de inúmeros pontos;
cada um imita a esperança)

VIII

a terceira gangrena,
ou a boca que perfura a carne
sem se alimentar jamais

Dentes com metacarpos

para Julián

Meu amigo para diante do abismo,
procura os pais desaparecidos;
o que encontrará, não sabemos,
o quanto suas mãos mergulharão
na matéria viscosa do nada, ignoramos,
que tipo de nada, porém humano,
dele retirarão, resta saber,
embora imaginemos
que no fundo do abismo
outro se abra
e depois outro
indefinidamente.

Vejo que meu amigo murmura,
mas não comigo;
fala com suas mãos,
ensina-lhes que o abismo é uma terra
sobre a qual pisamos
todos os dias
e que pode ser escavado

da mesma forma que o tutano
dentro dos ossos.
Ele sussurra para as mãos
No mundo inteiro
quase só há desabrigo,
todos os refúgios da humanidade
compõem-se principalmente do abismo.
Os felizes que nele caem
parecem crer
que nada há mais profundo
do que o humano
e que os homens
desde sempre
foram filhos da queda.

Suas próprias mãos não acreditam nele.

Meu amigo salta para o abismo;
grito, mas a queda não ocorre,
retém-no na superfície
a superfície do nada.

Dueto para verdade e pau-de-arara

I

e se o corpo cessou de vibrar
nem assim deixou de mentir

II

Se a verdade falasse, erraria?
Grito, mas ela se cala,
temerosa de enganar-se.

Se a verdade se alimentasse do erro,
engasgaria? Duvido
e nego-lhe qualquer alimento,
até que a fome arranque da verdade o seu melhor.

Quando ela vomita,
não é o erro o que suja o assoalho? Faço-a
limpar tudo, mas a verdade
deixa tudo mais imundo.

E se a fizesse defecar na própria boca?
Teria coisas mais sinceras a dizer?

Talvez. Porém não ouvirei mais.
Se a verdade falasse,
mas ela range,
e o ruído é um erro.

III

Comunica-se que o racionamento de energia afetará os depoimentos dos prisioneiros, que não poderão mais ser animados a choque durante a madrugada.

(— A subversão depende de nós. Cada grupo é um dente do dragão. Sem nós, cada um tentaria mastigar o outro e o monstro jamais abocanharia nada.
— Uma boca só de ódio, nenhuma paz a alimentaria.
— Cada subversivo é uma cárie, é tudo o que eles podem atingir do branco.
— Os dentes são deles, mas o fogo é nosso.)

Retificação do ofício:
os próprios prisioneiros, acesos, concedem-nos a energia.

IV

Faço expressamente
o que outros colegas cumprem por acaso.
Como as flores, a morte tem os seus campos.
Necessitam do perito
que conheça o adubo e indique o arado.

(*como os espaços entre os membros e o corpo,*
para saciar-me
preciso aumentar os espaços entre os membros e o corpo)

A fronteira entre o choque e o aborto,
a pancada e a mutilação,
a queimadura e o incêndio
delimito nos corpos abertos.
Ainda respiram? Ainda pulsam? Enquanto não há verdade
a vida deve continuar.
Sou, na verdade, um cartógrafo
e indico nosso país nos dois lados da fronteira.

(*separar os membros do corpo,*
tornar o espaço entre eles táctil, retrátil, sonoro
e ouvir a canção da despedida
que o corpo entoa para os membros debandados)

Aplico abolicionismo penal e pós-modernos
com a seringa canônica.

O prisioneiro pode preferir o coma à palavra.
Aumento a dose do pesticida
e os vermes não mais serão avistados pelos campos.

À noite, ensino medicina legal;
pura redundância.

V

No primeiro dia,
olhava as grades.

(— Quando gritam, por quem gritam?
— Ao ódio que os anima. Já lavou o cassetete?)

Entregaram-lhe um dedo da namorada.
Sinal de que o resto pode estar inteiro.

No segundo,
esmurrava as grades.

(— Quando se calam, é mais perigoso?
— Cospem os dentes. Pode deixar.
É melhor para quando o chão engoli-los.)

Jogaram na cela um grito da namorada.
O grito não dizia nada.
Sinal de que ela tinha preservado tudo.

Mais um mês,
lambia as grades.

(— Quando se arrastam no chão, é melhor?
— Ferem a dignidade do chão.)

Enfim o útero, varrido para a cela
sem o feto. O nascimento, porém,
estava intacto.

No fim, ele era as grades.
Não poderia mais ser libertado.

(— A parte mais difícil é lavar as paredes.
Preciso mudar de trabalho.
— Não entendo você.
Prisioneiros é que diferenciam
o mundo e as grades.)

VI

encarcerado entre as quatro gangrenas,
algo fede nesta carne antes humana;
o sangue ou o ferro? qual deles
é o novo corpo?
e se libertássemos as paredes
construindo para cada prisioneiro
uma jaula feita de seus próprios ossos?

Úlcera

Nenhuma paz superior
à de morar na úlcera.

Ela viu um pão quase inteiro,
mais inteiro para ela do que toda a rua.

Onde se queimam livros,
pessoas serão queimadas?
Sou prefeito e não leio.
Prédios são meu negócio.

Onde se queimam prédios,
pessoas desabarão?
Nunca. Só as mais lentas.
Não me culpem. Sou rápido.

Dela se alimentava.

Sonhar era belo dentro da úlcera.

Era favela, a cinza.
Hoje, novas licenças.
Onde se explodem prédios,
quem ficará de pé?

Poderia chegar perto do pão,

mais próximo dela do que lhe era a rua.

As cinzas alimentam
esta nova cidade
que a queda financia
com corpos e destroços.

Sou prefeito e construo
os espaços vazios
para a circulação
de gravatas e bombas.

Nela escavava as riquezas.
A arte rupestre teria sempre imagens da úlcera.

Sou prefeito, a faísca
é o melhor instrumento
para o dócil governo
de imóveis e pessoas.

Se engolisse o pão,
se ainda pudesse fazê-lo,
agora que seu estômago estava todo tomado pela rua.

Onde se explodem prédios,
gente já foi queimada;
arquiteto da cinza,
farei que morem no ar

apesar do pequeno
intervalo entre os ventos
útil para abrigar
ex-cidadãos terrestres.

Oravam para ela o pão e o relento, o abrigo e a fome
na hagiografia completa da úlcera.

Admiro na fumaça
como a cidadania
cheira após a limpeza
dos prédios invadidos

e ouço as bombas, higiênicas.
Meu negócio? Negócios,
esta nova cidade,
esta casa de cinzas.

Fogo e desabamento
sentaram-se ao banquete.
A úlcera teve tempo de perdoar a fome
antes da chegada do desastre?

As cidades deixadas ao capital,
os palácios habitados pelo deserto.

Cotidiano físsil

I

homem correndo
na frente da própria pele;

ela, porém, salva
entre formigas e pedras.

II

correndo sem pele;
ver isto e só poder constatá-lo,
não poder recompor
o espaço entre o corpo e as ruas.

III

tendões e músculos descobertos

o corpo desguarnecido

tensão entre mundo e nervos

o corpo torna-se pura corrida

e perde

IV

nunca uma corrida pura, sem a confusão heteróclita com partes de fuga e coragem, desânimo e audácia, política e polícia, testemunho e desistência.

Antes da explosão: a corrida misturava-se aos elementos físseis da trama.

Depois da explosão: o homem sem pele não fugia do fogo, mas buscava em qual fragmento da corrida encontrar-se-ia o mundo ainda inteiro.

V

corpo sem pele

ainda a correr

mas para este credo a nudez ofende a deus

mais uma razão

que abençoa o massacre

(sem pele,
jamais estará nu de novo,
assim como deus)

VI

gangrena nas cinco direções, a fuga não pôde salvá-lo
de tornar-se um corpo coberto pela catástrofe
(que é uma outra pele,
sem corpo algum: os tiros atravessam-na inteira,
as bombas dispersam-na,
ela se alarga e cobre o planeta,
sem coração, sexo, riso e outros órgãos que a tolheriam de ser
pura pele)

Discurso da erosão do fim do mundo

se, antes de tudo, fosse o rato;
alimentara-se do céu
para que dos buracos abertos
caísse o vazio sobre a terra
e em toda a terra
não houvesse mais riqueza do que roê-la;

porque, antes de tudo, precisaríamos
do rato
a roer o caminho entre o continente e os homens;

a boca do rato: quando ele
encerrasse o seu trabalho,
todos os elementos por ela teriam passado
e o mundo poderia enfim começar;

a digestão do rato: depois
de todos os elementos terem atravessado
a digestão onívora do rato, a merda
depositada nos esgotos
conheceria todos os elementos
e o mundo poderia enfim começar;

nos dentes do rato: a casa
de tudo que viria a nascer:
erosão e saliva;

também a peste seria inútil sem o rato;
ele precederia as duas irmãs,
vida e devastação;

o rato antes do mundo
roera o que seria a luz e a sombra
e não se tornaria jamais luz e sombra
porém fendas
por onde escaparia o nada;

porém, antes de tudo,
não era o rato;
o mundo não pôde começar

A vaca

I

Nos olhos da vaca,
o céu vermelho.

A vaca está morta.
Os chifres não.

O céu vermelho.
A vaca poderia lambê-lo,
sorver todo o sangue
e salvar o céu.

Mas a vaca está morta.

Seria uma solução,
não houvera chifres.

II

O vermelho pinga
dos olhos da vaca

e abre um rio
que afoga as ruas.

Cinzas eram os prédios,
calçadas e becos,
mas não depois
da morte da vaca.

A vaca era uma vaca,
ameaçava a sociedade.

Prédios e esquinas
erguem-se contra o rio.

Alguém ergueu o punhal
quando a vaca foi assassinada?
Ou a morte foi mera
consequência da arquitetura?

III

Jujubas são feitas da vaca.
Crianças comem-nas.

A vaca
replicava as proteínas,
girava as hélices duplas,
retorcia o nada.

As crianças giram,
retorcem-se, replicam
os antropófagos
lambuzando-se
do nada.

Você é o que come,
dizem os vegetarianos.

IV

No campo o cadáver improdutivo da vaca.

Retalhá-lo, para que os vermes beijem o sol?
Queimá-lo, para que as cinzas esterilizem o território?
Abrir-lhe buracos para penetrar na podridão imensa,
nela fundar colônias, devastar florestas
chegar ao útero
e descobrir que estava grávida do labirinto?

Saíram de dentro da vaca.
Olharam os campos. Nenhum espaço
que já não fosse o labirinto.

V

O jogador enrola-se na bandeira do país,
deita na grama
e promete faminto a vitória.

O jogador empanturra-se de grama
verde como a bandeira de seu país
e descobre que a vitória é uma vaca.

Ele muge. Assim
declama corretamente
os dizeres da bandeira do país

enquanto abre as pernas
para os dez touros;
lambe a vitória nos vinte chifres.

VI

Réquiem para a vaca.
Quem o cantaria?
Mozart mugia mal.
Lacrymosa

Repousai em paz
com o sêmen dos necrófilos,
com a pá dos profanadores.
Quid sum miser

Réquiem para a vaca.
Ninguém o cantaria.
Verdi não ruminava,
não sabia imitar as mandíbulas da terra
que recebe os corpos amorosa.
Kyrie eleison

Repousai ainda em paz;
o ventre visitado pelos necrófilos
será aberto pela pá dos profanadores.
Nasceremos todos de vós.
Rex tremendae

A ira de deus.
Mas no túmulo da vaca
é dele o corpo que apodrece.
Libera me

VII

De seis gangrenas,
nasceu a manada.

Morta,
a vaca está de volta.

NN

no oco
da fala
o corpo
da vala;
um osso
estala
na falha
do solo
e logo
o sopro
se cala
no nada;

centro de tudo:
um fogo foge;
queima, contudo,
sem que se aloje
em terra ou vento,
ontem ou hoje;
o esquecimento
e não a chama
neste momento

aposta e ganha
a coisa em fuga
que o fogo emana;

(voz sob o fogo ou sob a água?
se tanto cinza quanto lodo
servem aos mortos de palavra)

no nada
do corpo
resvala
o solo
e alaga
o fosso
que anônimo
naufraga,
e grassa
o nada
no bojo
do nojo;

centro da luta:
um fogo grita,
a cinza urra
o seu enigma
amordaçado
na própria língua;
sem ter espaço
a voz se cala
ecoando o brado
que a cinza exala;
o fogo em tudo
foge e mais nada;

(jaz sob a água ou sob o fogo?
a memória, ninguém a draga:
cinza e sangue, leva-a o esgoto)

no nojo
se farta
o gosto
do nada
e como
a barca
atraca
no porto
do corpo
só oco
nem acha
nem água,

nada é o fruto
depois de o incêndio
tornar-se o mundo
e a chama, o prêmio
de estar-se vivo
em carne e veio,
em sangue e rios,
em osso e solo,
e o que é colhido
torna-se joio
secando ao sol
o céu já morto;

(como realmente se chamava?
em lápide tornou-se o solo,
o solo que os nomes apaga)

nem nada
nem todo
atraca
no esgoto
que alaga
os postos,
os soldos,
as armas
das vagas
caladas
dos mortos
no lodo;

centro da voz:
afunda o nada;
extrema foz,
o corpo falha,
no centro do osso
o oco nos cala,
junta-se ao lodo
que nos recobre
da coisa em jogo
que a chama sorve;
centro do jugo:
um fogo foge

(contra a memória, rio vindouro,
o deserto do novo nada
seca a voz da garganta ao osso)

do anônimo
que jaz

só osso
e larvas
no fosso
por fardas
Armadas,
do corpo
que voz
só sopro
assas-
sinada

Antes da cinza, a cinza

I

Floresta de desaparecidos.
Não há semente.

Uma árvore e depois mil.
Paisagem cerrada
de desaparecidos.

Brotam.
Solo pródigo dos orçamentos:
na planilha humana, contam-se ossos.

O fruto podre
como os dentes — cheire
o que a boca diz.

Desmatam-se as sementes.
Os galhos crescem ao inverso
e enredam os homens no centro da terra.

A flor é um gesto, e as mãos foram cortadas.

Uma floresta cerrada, contudo.
Impede a vista do céu.

II

Recuperação de conteúdos I: *agrobusiness* e trabalho escravo;
raízes arcaicas que o futuro da nação
projeta sobre o presente;
"a empresa é moderna, os trabalhadores é que não".

— Isto vai cair na prova ou é só chamada?
— Tanto faz, é educação a distância, não nos atinge.

Aprovação transversal estudantil III: sistema eleitoral e agrotóxicos;
falta de uso de luvas pelos homens e pelos ratos;
"devires contratuais e novas formas de vida empresarial,
plano da imanência e desterritorialização dos juros".

— Parece que tem mesmo gente dando aula.
— O que o coração não vê, os olhos não sentem.

Graduação e pós simultâneas X: genocídio e emendas parlamentares;
downsizing e uso de valas comuns;
"o mais rápido possível atingir objetos mentais como seres reais,
especular com derivativos, aniquilação do homem universal
e derivas para o escravo particular"

— Tem que ler bibliografia? Como assim?
— É tipo baixar o arquivo direto na prova.

Programa de reestruturação curricular *Top*: exumação de gritos
em louvor do desmatamento globalizado;
"o capital não reflete, não comunica, não contempla;

deriva-se em singulares, nenhum universal o explica,
os crânios não entram em consenso com as enxadas"

— Onde é mesmo a faculdade? Quero pegar o diploma.
— Ela é virtual, mas agora tem um quiosque dela no bar. Você se formou em quê?
— No primeiro mês, em Memória e Sustentabilidade. No segundo, foi em outra coisa, mas tenho que pegar o diploma para lembrar.

III

Lembro de tudo,
mas não agora,
que hoje tenho o nada.

(a justiça está nos dentes,
o extermínio, na garganta;
encontram tanto o mundo quanto o vômito)

Toquei em tudo,
mas nada lhe entrego,
falto de mãos.

(a garganta possui dentes,
o estômago, mil bocas;
o extermínio mastiga,
a justiça jejua)

E se não houvesse nem mesmo fome
ou alimento,
mas somente a excreção
do nada,

merda absoluta,
que fertiliza todo solo e explica todos os seres?

IV

O mundo decidiu partir em expedição.
Não procurava nada, mas o deserto.

— As pás quebraram, a pedra resiste.
— Use as mãos. Para as covas,
a terra abre-se com carinhos.

O mundo precisava fazer as malas.
Recriava as toneladas
no vazio que suas mãos erguiam.

— Porém as mãos restantes já foram todas enterradas.
— Deixe os corpos sobre a terra; vão aquecer-se de dia,
esfriar-se à noite. Essa é a justiça dos elementos.

O mundo decidiu partir; desamparado,
cada passo desfazia o mapa
que trazia, a trilha no papel escolhida
apagava-se sob os pés
que tomavam cada centímetro do mapa
pois era o mundo que pisava.

— A terra já está coalhada de corpos.
— Empilhe-os. Redescobriremos as montanhas.
— As montanhas tornaram-se vulcões.
— Ótimo. Beberemos de seu sangue.

O mundo não chegou, não partiu.
Onde estava, era o deserto.

— Esta lava multiplica a sede.
— Recobrirá as cidades,
substituirá as praças,
tornará cada palavra refém do fogo
já frio
antes da cinza.

V

houve a gangrena, quis-se medi-la,
mas os números fediam

Máquina

Esta máquina lê o sangue
e escreve com ossos.

90% da poeira compõe-se do mundo.

Esta máquina rasura a carne
e apaga a pele.

Alfabetiza o sopro com a asfixia.

73% dos nacionais são feitos de poeira.

(Eu era esta, mas poderia ser outra, a que foi assassinada. Tornei-me a de sempre, pois já estava morta e, assim, não poderia ser julgada. Segundo o primeiro relatório, suicidei-me com esmalte e tinta de cabelo, ou ainda menos. No entanto, era preciso que eu tivesse fornecido informações sobre minha organização clandestina, qual era o lugar de minha célula, quem eram meus superiores. Tive de me suicidar novamente, com os cadarços do tênis e a sopa da prisão. Já tinha lido a notícia nos jornais do dia anterior. Os oficiais responsáveis por meus cuidados receberam então uma reprimenda por não terem indagado qual era a gráfica que imprimia os panfletos que distribuíamos em sindicatos e faculdades. Levaram-me novamente à sala de justiça pós-moderna, moldada diretamente dos ferros da tradição do quatrocento. Falei menos do mesmo. Leram-me depois o atestado de óbito: suicidei-me desta vez apenas tomando a sopa. Já não recebia jornais, não pude saber se a minha nova morte saiu na seção de esportes ou na de entretenimento. Foi o juiz militar que percebeu, finalmente, que ninguém perguntara o nome de minha organização. Mandou reiniciar o inquérito, e respondi o mínimo menos, pois a introdução de crucifixos elétricos nos genitais não propiciou as condições dialógicas para o consenso. De acordo com o quarto atestado de óbito, matei-me por meio de não me enviarem mais sopa. Da última vez que me levaram à sala de justiça pós-moderna, teoricamente incompatível com as ilusões formalistas do jurídico, não me perguntaram mais nada. Não morri mais, porque morrer ainda seria dar uma resposta. Querem a verdade? Não, e sim meus ossos. Mas nunca os irão provar, e sempre ignorarão que o pó que cai sobre o país também é feito de mim.)

Esta máquina identifica o exílio
na assinatura eletromagnética
que os corpos deixam,
que os textos esquecem.

74% do exílio é feito do mundo.

Criar-se-ão máquinas também contra isto.

Discurso do lugar do fim do mundo

I

Neste cesto, vidro e ossos.

Em outro, nada.

Moramos no outro.

II

Neste cesto de carne e sangue,
o vento —

retire-se o vento —

a verdade e a asfixia

III

No escuro a ponte.
Na buzina os carros.
No lixo as rodas e a via.

Debaixo da ponte, mais vias e buzinas.

Ensurdecedor porém
o homem sem sapatos
na beira
que ao escuro bom dia grita

IV

Polícia: As instituições voltaram-se para a incessante fabricação de detritos.

Política: Em revanche, os detritos planejam instituições melhores.

V

os homens aqui presentes não logram formar um corpo?
uma cidade?
mas os detritos aqui reunidos
formam um corpo nenhum
presente e ausente
como a rua nos buracos da cidade

VI

As indústrias de cestos fecharam depois que foi determinada a ubiquidade do lixo. O decreto partiu do pressuposto de que a ubiquidade da própria lei poderia ser transmitida para o lixo. Mas não era a lei que era ubíqua, e sim o lixo, por essa razão se decretou que, se havia a lei, ela não era o lixo, e deveria ficar fora dos cestos. Com o lixo oficialmente fora dos cestos é que a lei precisou neles entrar, ser guardada, eventualmente ser fechada quando chovesse muito forte, como agora, veja que ela boia enquanto o lixo navega e os cestos velhos mantêm-se firmes ainda, não temos novos desde as últimas licitações, não me lembro mais por que motivo, sei que havia a lei e o lixo, e alguma diferença entre ambos.

VII

o sétimo código é a gangrena: não precisamos da carne
para que a lei seja a decomposição;
basta-nos a lei

Metástase ou esperança

A lama tomou o lugar dos olhos
— agora, sim, pode-se ver o mundo.

(plantar as órbitas arrancadas
depois de colher seus frutos? pois eles
antecedem a árvore e ela
anula o solo
na lei geral da devastação)

A lama substitui o corpo
— os cidadãos encontraram seu lugar.

(você já viu minha fazenda virtual?
plantei sopapos e joelhos quebrados,
mendicantes não se aproximarão da colheita)

Ventos competem com a lama,
porém a asfixia
é a vocação das línguas.

(a safra de mundos poluiu minha vista;
quem previra o impacto ambiental do mundo
sobre os rios eletromagnéticos?

mandarei isolá-lo;
como a metástase, o mundo produz espaços)

A lama é o próprio corpo virtual da lama
— sem letras escreve sua mensagem inteira.

(caso plante órbitas,
nascerá a visão? semeando impactos,
colherei ambientes?
sementes transgênicas
com inseticidas contra camponeses e outras pragas?
precisarei, no entanto,
da cerca antimundo,
que o mundo imita a metástase
em querer a vida)

No lugar da lama, ela mesma.
O mundo poderia encerrar-se.

(arrancando o crânio real
nascerá um busto virtual? tentarei,
mas antes elevo a cerca da fazenda;
pois sei que existem o mundo e a metástase,
e ambos só conhecem a multiplicação)

No lugar do lugar, encontraram a lama
— agora, sim, somos o continente.

Monumento e passagem

I

Na amnésia da cidade
o memorial das vítimas;

incontáveis tijolos foram empregados
para que não se erguesse o memorial — todos
sobre as vítimas.

(— Tive um sonho em que o cimento falava.
— Os subversivos infiltram-se em tudo.)

II

Ama as latas de tinta
porque elas não têm memória
e institui o memorial das vítimas
apagando das paredes
as inscrições dos prisioneiros;

as inscrições poderiam ter erguido uma outra cidade.

III

Substituir a história pelo monumento,
a primeira medida oficial
depois do massacre.

(— O cimento nutre, o sonho desgasta...
— Avisei que não há desabamento que termine.)

IV

Calcular o superfaturamento *per capita* na compra das botas
[fardadas com o novo *design* da memória do continente;
Anotar os números dos calçados e cruzar com o logaritmo dos
[paraísos fiscais;
O trabalho está incompleto: é preciso considerar a grandeza dos
[grãos de poeira sob as becas dos magistrados;
Contar nos dedos mutilados as garrafas de champanhe dos
[subversivos cooptados;
Dividir pelo número de penas dos cocares que sobraram de *souvenir*
[das viagens ao museu de história natural;
Elevar à potência dos jornais usados para engraxar as botas jamais
[limpas;
Teremos, enfim, o número da função das vítimas.
— Memória, coisa que suja.

V

— Elas queriam o choque;
logo, pintar com eletricidade
o retrato das vítimas.

— Não é possível reconhecê-las.

(— Onde está o memorial das vítimas?
— Onde quiser, basta consagrar uma nova.)

— Deixar que a eletricidade esboce o que bem
entender, de qualquer forma
pouco lembramos das vítimas,
seu número exato jamais foi determinado;

— É inútil reconhecê-las, se já são homenageadas.

(— Onde está o memorial das vítimas?
— Nunca houve nada disso. As ruas bastam.)

— Na ampla área em que supostamente foram enterradas,
as vítimas,
já foi autorizada a construção de uma usina hidrelétrica.

Luz em toda a região;
agora sim começamos a conhecer as vítimas.

VI

Pode anotar.
Você vai perder de qualquer jeito.

o alimento que traz,
entrega para a fome,
as bocas não o recebem

— Não sei o nome dos ossos, conheço-os pelo ponto em que fraturam.
Falo com eles sem os roer, destruir a cela aumenta a pena.

Pode anotar.
Ninguém mais sabe ler.

o alimento que prepara,
o recheio é a fome

— O ponto de fratura é a seção áurea do corpo. Tenho que calá-lo, mas não como humano, e sim como um ser que pode falar.

Anote, anote.
Há *posts*, não há mais discursos.

nenhum alimento bastará,
é a fome quem vai comer

— O amor do soco pela carne responde-se variadamente. Alguns ossos preferem partir-se ao meio, em outros a extremidade é, com efeito, o ponto extremo. Falo não como prisioneiro, mas como alguém que sobreviverá.

Pode anotar.
Somente seria fidedigno se você escrevesse em branco.

Aqui era um restaurante popular. Mas temos que pensar no futuro. Quando inauguro creches já penso em cemitérios. Tínhamos o prédio conjugando restaurante popular e presídio. Economia das instalações. O Estado acolhe todos em sua boca imensa. Assim a gente evita greve de fome. Gente primitiva não quer o progresso nem empreiteiras. Aqui nenhum cidadão de verdade foi espancado por causa disso.
Não era este o discurso. Perdoem. Achei: aqui era um restaurante popular. Hoje, inauguramos esta demolição.
Preparamos o futuro.

VII

8º arcano ou a gangrena: quando eles chegavam, brincávamos de adivinhar-lhes o futuro; quanto tempo ficariam aqui, se seriam processados, se condenados sem serem processados, se executados sem serem condenados, por quanto tempo condenados, por quanto tempo executados etc.; até que descobrimos que se lhes podia ler o futuro nas escoriações, num tipo de tanatomancia; alguns de nós adivinhavam os números da loteria pelas marcas no corpo e multiplicavam os golpes para a proliferação dos prêmios; outros só queriam ver o destino desses que chegavam, porém o método mais seguro para isso era a leitura de vísceras, que eram retiradas, lavadas e secas, para que o visceromante revelasse o futuro do antigo proprietário dos órgãos em questão; outros queriam ver além do destino pessoal e dedicavam-se à previsão do bem público e da segurança de todas as garantias sociais; no entanto, para descobrir o futuro do país, somente a pele deveria ser lida, por isso ela passou a ser retirada logo no ingresso nesta instituição, veja que a penduramos em varais para que, à meia-noite, os melhores de nós leiam o que dizem as estrelas vistas através da constelação de feridas.

Salvação pela dança

Salvar os mortos
de nunca terem sido;

— Ignoro se quando pisei
ou chutei. Mas
a cabeça estourou.
— Com o som, você conseguiu dançar?

Porque estão mortos
precisam ser salvos;
a vida dispensava
a redenção;

— Não lembro se com a navalha
ou à unha. Mas lhe abri
outra boca no pescoço.
— O que ela cantou fez você dançar?

São hoje apenas
o que não mais viverão;
compreendo-os, como eles existo:
salvem-me do que também nunca poderei;

— Abri-lhe o estômago,
nunca mais terá fome, ventos
vão alimentá-lo do puro céu.
— Sem fome, ele poderá enfim dançar.

O corpo humano pode sofrer grandes mudanças, mas não deixará de ser composto de partes heteróclitas que exigem contínuo e desmesurado esforço a fim de que permaneçam estáveis o suficiente para que os seus diversos componentes não se desliguem e comecem uns com os outros a dançar pelas ruas ritmos oriundos inteiramente do futuro.

Atos, interdições

I

Sem atores; todo o diálogo ocorrerá entre as paisagens.
Um país com censura, mas cheio de recursos naturais.

Teatro alegórico; basta um monólogo para expressar
as diversas correntes políticas permitidas e seus diálogos
com o grupo no poder; basta um monólogo pleno de pausas,
dito por ator nenhum,
numa cena completamente vazia,
iluminada até o osso das cortinas.

Descer as cortinas sobre o público, não sobre o palco,
para que saiba que a realidade foi encerrada.
A próxima sessão do mundo
dependerá dos recursos financeiros distribuídos
àqueles que o suspenderam.

— Sua visão de mundo está superada. Hoje temos a 7.9, que encontrou grande aceitação nos mercados paramundiais.
— Mas nosso cosmopolitismo tem grande qualidade, é importado e compatível com todas as versões autorizadas do futuro.

II

está em voga a contemporaneidade da ruga;

ostra é vegetal; camarão, mineral;
picanha, respira-se
como aos outros frutos do mar;
a crítica tudo come e classifica.

faço proclamar a ruga, substância do rosto
maior do que o próprio rosto;

nasceu para acompanhar as estrelas anãs,
o artista, e contempla o céu
permitido pela miopia.

uma ruga encaixa-se em outra,
essa é a sua natureza;

depois de quebrar três países e cinco moedas,
especulou com a morte da arte e a construção de cem museus;
os muros seguiram pintados.

a ruga, sinal de que não o tempo, mas o
declínio
vem retirar as máscaras,
e de que só há máscaras

Rá, rá, rá, os poetas críticos!
Se fossem convincentes, não precisariam da crítica!
Se fossem inteligentes, não escreveriam poesia!
Não fossem ambíguos,
já teriam escolhido entre uma e outra
e deixado ambas.

— A cirurgia plástica seria a solução para as artes?
— Se o bisturi infeccionar.

III

A forma do concerto grosso, já madura no final do século XVII, deu lugar, no século seguinte, à sinfonia concertante, enquanto o concerto com solista continuou a crescer até os nossos dias.
Temos a sorte de o concerto com solista permanecer até os nossos dias, porquanto pode-se verificar que várias formas declinaram e foram abandonadas ao longo dos séculos, como o próprio concerto grosso, que gerou a sinfonia concertante, que, por sua vez, está na origem da sinfonia clássica, sem, no entanto, que ele tivesse logrado chegar aos nossos tempos.
Temos a sorte também de estarmos vivos em nossos dias, porque, em caso contrário, não poderíamos ver que o concerto com solista permanece ainda, ou talvez víssemos outras formas, de outras épocas, talvez até mesmo o concerto grosso, gênero em que um grupo de solistas dialoga com os outros instrumentos, sem o espírito de confrontação e o individualismo extraordinários do concerto com solista.
Sim, recentemente tais experimentos foram retomados. Mas nada que não tenha sido proibido.

IV

Uma peça toda composta de finais;

Projeto de romance, "mais ou menos", atravessado por fina ironia sutil envolvendo múltiplas linguagens, o autor domina diversas formas de arte, compre uma obra e leve três

— A ração com que você alimenta a catástrofe.
— Extraí-lhe os dentes, ela precisa triturar para comer.

uma peça que jamais deixará de começar;

Proposta de romance autobiográfico, "ainda menos", com linguagem fractal e instigante ao posicionar o leitor no fluxo das redes sociais do romance a partir de um investimento módico

— Acabou a contagem dos cadáveres?
— Nunca. Os números sobrevivem aos ossos.

uma peça que iniciará sempre antes do artista;

Esboço de romance juvenil, "menos do mesmo", que mistura ficção com teoria da administração escrito sem enrolação, futuro best seller, *inteligente como seu leitor*

— A catástrofe usou as línguas deles mesmos para lambê-los?
— Sem o próprio corpo, a língua mantém-se muda.

uma peça que terminará, mas não para o público;

Previsão orçamentária de livro para autodescoberta do leitor, "menos passo a passo", e gestão nos mercados pessoal, sexual e financeiro

— Alguns calamos à faca; outros, com patrocínio.
— Medidas de justiça distributiva.

uma peça longa, mas não na duração;

Esquema para cartaz, "mínimo menos", com versos refinados e curtos numa poética clara e sofisticada que dispensa a leitura

— Esta chuva ácida veio da saliva da catástrofe?
— Foi tudo o que restou de todas as bocas.

uma peça sem desenvolvimento algum,
todos os seus elementos estão submetidos ao jogo
de existirem apenas no momento
em que desistirmos deles;

Ideia para banner, *"mim do mesmo", que prende o interesse com seu uso inteligente dos suportes eletrônico-digitais dominados pelo autor, conhecido porque patenteou todas as possibilidades atuais e vindouras de leitura e, visionariamente, registrou também a não leitura*

— Secaram as expectativas globais, devemos demitir o mundo?
— Já não trabalhávamos com esse tipo de suporte.

e, porque desistimos,
os elementos recusam vender-se
aos jogos indecentes do triunfo;

Vocês não querem saber o enredo do meu futuro projeto, "mel no menos", ou "menos mesmo", vocês é que escolhem, já aprovado, de intervenção textual em suporte de papel? É um conceito novo, olhem que eu conto os detalhes indecentes...

— Após o massacre, entre os que restaram, restaram aqueles que podem falar?
— Não diferenciar a fala e o massacre.

V

gangrena versão 9.0: não precisamos discutir,
para nós está tudo claro

como sempre,
como os ossos
nossos
cujo sabor nunca provaremos

Rumo à orla

cidadãos-anfíbios —
as narinas ainda fora d'água

— É-lhes permitido viver,
mas quem autorizou respirar?

— A água autorizou, apenas ela.

cidadãos-anfíbios —
veem-se bolhas na superfície —
lamentam? protestam?

— Foi-lhes permitido respirar,
mas para quem podem fazê-lo?

— Pela água, sufocada.

debatem-se, não nadam —
nadar seria lógico
e o enfarte é a lógica do sangue —

— Por que estão livres,
se eles sufocam as ondas?

— A água aceitou o fado
de ainda não tragar a todos.

sabem que existe a orla
e que ela existe
porque não a podem ver —

— Ordenamo-lhes a água,
a submersão jamais os aceitará.

— Mas a água confundiu a memória com a sede.

e que as ondas prosseguem
por memória da orla
que nunca tocaram

— Esquecemos que as marés devem ser interditadas
ao sopro,
irmão da tempestade.

quando respirarem a água,
a orla estará por toda parte.

Durante a invenção do fogo

para Julián

I

O amigo,
as instruções para armar bombas.

No manual as cicatrizes são ferramentas de montagem.

(libertar o fogo,
condição necessária
para a insurgência?)

Meu amigo quer reunir num corpo
aquilo que a explosão
combinou aos elementos;
a pele completada com os fragmentos da arquitetura
e o coágulo que ensina o fluxo às ondas.

No mapa os ossos ocupam o lugar das águas:
circundam o continente.

(libertar o
corpo, condi-
ção neces-
sária
para reinven-
tar o
fogo?)

Digo a ele
que é necessário que um osso falte
para que a ausência fique completa.
Escreveríamos então
o elogio da fratura.

(jamais a liberdade sem considerar a cinza)

A rebelião, um corpo só de fraturas.

II

Matou-se no exílio.
A pena não necessita de passaporte.

Jogou-se na linha de trem.
O cosmopolitismo
de nunca mais voltar para lugar algum.

Deixou alguma linha escrita?
Depois do interrogatório,
nada mais escreveu,
somente o sangue lhe marcou o papel,

e igual marca ele deixa agora nos ferros

da cidade estrangeira.
Alguma palavra inteira escrita
pelo corpo destroçado.

Ninguém a lê.
Agora, é estrangeiro para sempre.

III

Queimar. Da pele
aos ossos. Dos ossos
ao tutano. Dele
à célula indistinta entre ser e não.

Não pela luz,
pela carícia suja da cinza.

Lamber a cinza
para aprender o vermelho.

O amigo
quer publicar o fogo,
libertá-lo
da cinza acumulada
a que chamamos país.

Libertá-lo
é também um país.

Frio o coração da chama.

Publicado,
devolver-se-ia aos ares
e tornaria a ser inédito.

O amigo publica o país
que sob a cinza
continua inédito.

Queimar.
Até que volte a ser cru.

IV

gangrenam dez países;
isso é o continente possível

V

Falta a bomba
para completar a arquitetura.

Falta o coágulo
para o coração derramar-se.

Falta a pele
que cubra os ventos
e torne-os um corpo
inteiro da rebelião.

Sentido da hemorragia

(Osso a sangrar.)

Participei do grito, roubei
a voz. Ouço agora
o canto do osso. Tapo
a boca dele. Ouço-o
ainda. Soco-lhe
os lábios. Ouço-o
mais.

(Osso a sangrar.)

A cicatrização da terra
virá porque convocados
os malabaristas das armas brancas,
os domadores do tiro,
os mágicos do míssil,
arquitetos da política?
As assembleias ainda não foram erguidas pela fala.
A terra não cicatrizará.

Quebro o osso ao
meio. Descubro dentro dele

todo o esqueleto. Torno
o esqueleto em pó. Cobre-me
todo com um traçado
de ruas? de praças? Tento
lavar-me do pó. Ele singra
nas águas para descobrir
outras terras.

(Osso a sangrar.)

O coágulo entre a terra e os homens
foi proibido
por causa de sua natureza política.
Cresce o coágulo entre a terra e os homens
e porque foi proibido
tem natureza política.

Após o fracasso, decidi
comer o osso. Consegui
cortá-lo em pedaços menores
e colocá-lo todo na boca.

(Osso a sangrar.)

Foi assim que ele me substituiu
boca, dentes, língua.
Encontrou sua voz verdadeira.

As mandíbulas

I

as mandíbulas permanecem no ar

suspensas pela morte
acima da vida

mandíbulas nuas

nenhuma pele as cobre

resta alguma pele entre os dentes
na refeição interminável

II

o sorriso da mandíbula
puro

apenas dentes à mostra

vivo como a rocha depois do apedrejamento

III

como se flutuassem
as mandíbulas permanecem

algumas partidas, outras não

mesmo com os dentes cerrados
elas estão abertas para o mundo
e o abocanham

IV

o beijo da mandíbula

não em outra

mas no ar

que nos circunda

e transmite a carícia seca do cálcio

V

dentro da mandíbula

alguém vive

não você ou eu

a mordida vive
e escolhe sobreviventes

VI

maxilar é o verbo da
mandíbula
acolhe-nos em seu discurso

a cárie não sobrevive à mandíbula

o verbo não sobrevive ao discurso

VII

o céu coberto de mandíbulas,
a noite cai sobre a terra
e os gritos de pânico
vêm do céu e da terra;

o céu coberto de mandíbulas,
não há mais voo, as aves
rastejam de um dente a outro
sem encontrar pouso;

o céu coberto de mandíbulas
morrerá de fome, e seu
esqueleto enfim sem asas
cairá vivo sobre a terra;

as mandíbulas continuarão a reinar
esperando que outro céu nasça
e cresça como o crânio jamais completo

VIII

não se veem mais
as mandíbulas; neste
ar que sufoca a possibilidade da garganta,
neste sol que cega a desintegração da paisagem,
neste vento que leva a matéria ao destino do pó

poderíamos encontrá-las, ou
seriam elas mesmas a impossibilidade
da garganta, a cegueira
integral da paisagem, o pó
como matéria do destino

na cidade erguida no espaço entre os dentes?

não se veem mais
as mandíbulas; teriam abocanhado
o ar ou a visão?

esgotou-se a possibilidade do paraíso
nas mandíbulas suspensas?
porém

é sempre possível imaginares
tua mandíbula na fuga aos rigores da carne
a reinventar o corpo em campo minado.
Tens a arma. Ela te usará.

Projeto para cálcio

para Fabio

Este projeto de criação literária, ou seja, a tentativa de aceitar a estimativa oficialesca de que a literatura se projeta, e ela o faz, porém como bala, foguete, míssil sobre os outros discursos, a saber, da economia, do direito, da propaganda, simplesmente retomando-os e lambendo-os com saliva ácida até que se dissolvam —

A justificativa deste projeto, a não ser dita, não pedirá desculpas por existir, mas, de fato, ele é justo, como a fratura que encontra o ponto de tensão dos ossos e devolve-os ao estado fundamental de terra —

(o compositor, quando aprender a calar-se, escreverá melhor o que não pôde aprender)

chutem-no
na boca —
é o beijo que conhece

Método não haverá, salvo o difícil, o confuso, o que exigirá mais fontes de custeio e, portanto, será indeferido artisticamente pelo setor financeiro da instituição —

(o compositor não lida com sons, e sim com materiais, farrapos, resíduos, não para arquivá-los, e sim fazer-lhes justiça: devolvê-los aos ares, permitir que respirem mais uma vez)

chutem-no
e a boca
aprenderá a andar

Cronograma nenhum, a medida de tempo ainda possível, a do bater cardíaco dos sons recuperados, ou o andamento de sua expiração, anoto o sopro para revivê-lo, retirá-lo da terra para que possamos nela pisar enfim inteiros —

(o compositor, na verdade, lida não com notas e sim com os ares, precisa compô-los, não é possível que sons novos vibrem em uma atmosfera antiga)

chutem-no
na boca
é o que ele tem a dizer

No tocante ao referencial teórico, é evidente que todo projeto de criação literária deve apresentar pelo menos um, de preferência vários, ao gosto das agências financiadoras, temos aqui diversos, um para cada mineral que compõe o corpo humano e permite alguma familiaridade com a terra depois que o sopro deixa de animar o conjunto meio atmosfera, meio solo que anda e ri —

(o compositor sabe que, enquanto o som aspira à condição de carne, o corpo tem a vocação de desmaterializar-se, e que a música resulta da intersecção dessas duas curvas)

Teríamos também palavras-chave, se em literatura as palavras abrissem portas e não preferissem a multiplicação dos labirintos —

chutem-no
e ele reviverá
pronto para morder o mundo

(um quarteto de nervos, os músicos nus oferecendo seus corpos para construir o palco e o público)

a primeira gangrena, ou a boca
que revela o sentido da vida;
adivinhar nela o futuro da carne,
prová-la
até os ossos; vesti-la
até a nudez,
até a catástrofe que circunda o corpo
tornar-se a própria carne,

(a sinfonia do corpo escrita para gangrenas; com os instrumentos trazidos para o palco, vemos que não há diferença entre o corpo e a bomba)

a primeira gangrena, ou a rua
aberta sobre a pele
e dissemina-se,
torna-se continente,
nele moramos, mas podemos habitá-lo?,

(percussão ou montar a explosão na máquina do corpo com ferramentas do cotidiano: papéis amassados, caixas, baterias usadas, ruas)

a gangrena da história
consome os próprios ossos,
vivemos o tempo presente

como se fora um fóssil do passado,
e o passado assumisse
toda a tarefa da atualidade;
e nem a atualidade da gangrena ficará
no cálcio e na saliva
irmanados no informe
que toma toda a estrutura
e devolve ao inumerável
o que tinha dois pés e poucos passos,
dois olhos e toda a cegueira,
os órgãos roubados ao júbilo,
o corpo ou a cicatriz
que se abre
para abranger todos os números possíveis?

(ou desmontar, que é o que resta)

— mas é a terra que respira em nós.

Sobre o autor

Pádua Fernandes (Rio de Janeiro, 1971) é também autor dos livros de poesia *O palco e o mundo* (Lisboa: &etc, 2002), *Cinco lugares da fúria* (São Paulo: Hedra, 2008) e *Código negro* (Desterro: Cultura e Barbárie, 2013), do ensaio *Para que servem os direitos humanos?* (Coimbra: Angelus Novus, 2009) e do livro de contos *Cidadania da bomba* (São Paulo: E-galáxia/Patuá, 2015). Escreve no blogue *O palco e o mundo.*

Cálcio recebeu o Prêmio Governo do Estado de Minas Gerais para poesia inédita em 2011 e teve sua primeira publicação pela editora Averno, de Lisboa, em 2012. Foi traduzido para o espanhol em 2013 por Anibal Cristobo e publicado na Argentina pela Talita Dorada na coleção Los Detectives Salvajes, coordenada por Julián Axat e dedicada a autores que tematizam e/ou sofreram o terror de Estado.

Adverte-se aos curiosos
que se imprimiu esta obra em nossas oficinas
em 24 de junho de 2015, em papel off-set 75 gramas,
composta em tipologia Walbaum Monotype,
em plataforma Linux (Gentoo, Ubuntu),
com os softwares livres Gimp,
LaTeX (classe octavo),
SVN e TRAC.